W0184196

Mis animales favoritos

El jabalí

34

EL PAIS

Un glotón muy listo

Un cerdo muy peludo

Es inteligente y muy adaptable

Su cuerpo es robusto y macizo, cubierto de un largo pelo negro, con unas patas muy cortas, pero fuertes.

¿Sabías que...?
Su pelaje está compuesto por unas cerdas largas y duras que se utilizan para fabricar cepillos de dientes o para el cabello.

El jabalí es un mamífero de la familia de los suidos, muy parecido al cerdo doméstico, que se caracteriza por su pelaje largo y oscuro, y por los colmillos curvados hacia arriba.

OJOS PEQUEÑOS

En su cabeza grande y alargada destacan unos ojos muy pequeños que no ven muy bien.

BUEN OÍDO, MEJOR OLFATO

Puede captar sonidos imperceptibles para el oído humano. Su olfato le permite detectar comida o enemigos a más de 100 m.

¡VAYA COLMILLOS!

En los machos sobresalen los caninos inferiores, que van creciendo curvados hacia atrás, pudiendo alcanzar los 20 cm de largo.

¿Dónde vive?

El bosque es su casa

El agua es imprescindible para la vida del jabalí. La necesita para beber y para revolcarse en el barro.

CONTRA EL FRÍO
Soporta fácilmente los rigores del invierno en zonas de alta montaña, gracias a su pelaje y a su piel dura.

Se adapta muy bien a todo tipo de hábitats siempre que tenga alimento suficiente, pero aun así prefiere lugares con vegetación densa y abundante agua.

MUCHA VEGETACIÓN
La vegetación alta y densa de muchos bosques le permite camuflarse.

¡Vaya glotón!

Come de todo

VEGETALES

Son muy importantes en su dieta; come todo tipo de hierbas, raíces, tubérculos, frutos, bellotas, setas, trufas...

PROTEÍNAS

También se alimenta de insectos, caracoles, reptiles, huevos, aves y roedores, sin despreciar la carroña.

A pesar de su fama de glotón, el jabalí es un animal inteligente que no come en exceso. Como omnívoro que es, tiene una dieta muy variada que cambia según la estación.

Remueve el suelo con su hocico y escarba con las patas en busca de trufas, raíces y tubérculos.

La hora del baño

¡Se revuelca en el barro!

Cuando se revuelca en el barro, elimina gran cantidad de parásitos. A continuación, se frota muy fuerte contra un árbol.

Los baños de barro tienen un papel muy importante en la vida del jabalí ya que cumplen varias funciones. Con ellos regula la temperatura corporal, preserva su olor y elimina parásitos.

¿Sabías que...?
Se baña en barro para asegurar su regulación térmica porque no suda. Tiene las glándulas sudoríparas atrofiadas.

¡Me voy a dar un baño!

OLOR Y TEMPERATURA

La capa de barro seco sobre su denso pelaje lo preserva de la pérdida de olor y temperatura.

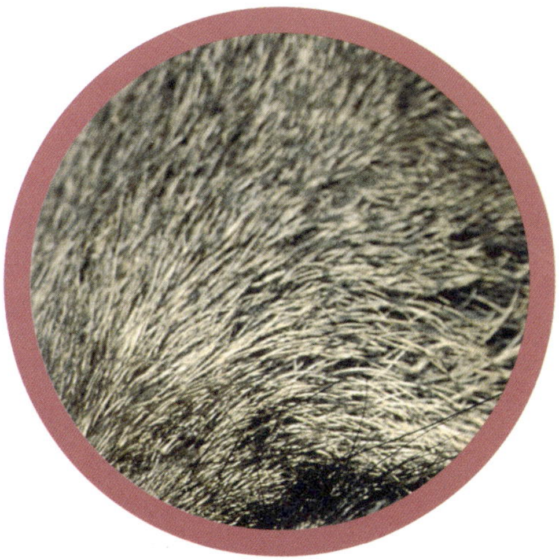

CUÁNDO SE BAÑA

En verano se bañan todos los jabalíes, sin distinción de sexo o edad. En la época de celo sólo lo hacen los machos adultos.

Las piaras

La vida en grupo

La jabalina es la hembra del jabalí, y en el grupo manda la de mayor edad y tamaño.

¿Sabías que...?
Utiliza gruñidos cortos y secos como señal de alerta, y gruñidos agudos para avisar de que hay que salir huyendo.

LA FAMILIA
En la época de celo los machos viven en familia, con la hembra y sus crías, y se encargan de proteger la retaguardia del grupo.

Muy sociable, vive en grupos matriarcales de tres a cinco individuos, formados por hembras y sus crías. Los jóvenes machos se agrupan en piaras y los viejos suelen ser solitarios.

SEGÚN LA EDAD

Los jóvenes machos forman piaras que viven en la periferia del grupo. Los machos más viejos viven solos.

Costumbres

Animal de hábitos nocturnos

¿Sabías que...?
Para comunicarse, el jabalí emite dos tipos de sonido: los gruñidos, similares a los del cerdo doméstico, y los silbidos.

DE NOCHE

Puede recorrer grandes distancias, de 2 a 14 km a paso ligero o al trote. En cambio, cuando huye sólo puede mantener el galope durante un rato.

¡Qué sueño tengo!

UNA CAMA PARA DORMIR

Durante el día reposa en una especie de cama que él mismo excava en el suelo, al abrigo de rocas o matorrales.

De hábitos principalmente nocturnos, el jabalí suele descansar durante el día. En el bosque acostumbra a recorrer grandes distancias, utilizando siempre los mismos caminos.

El jabalí macho es muy activo de noche, la hembra preñada o con crías es más sedentaria.

Apareamiento

Cómo se reproduce

POR EL OLOR...

El jabalí, como tantos animales, sabe cuándo la hembra está en celo por el olor.

MATERNIDAD

Durante la gestación y poco antes del parto la hembra prepara el nido: una especie de cama hecha con toda clase de vegetales.

¿Sabías que...?
Cuando se enfada, la crin, que recorre el lomo a partir de la frente, se le eriza. Cuando luchan, se asestan terribles dentelladas.

Durante el periodo de celo, el jabalí macho busca una hembra de forma tan obsesiva que incluso a veces se olvida de comer. Cuando encuentra a su jabalina, es capaz de pelear por ella.

Entre noviembre y enero, la época de celo, los machos luchan entre sí por conquistar a la hembra.

Los jabatos

Pequeños jabalíes a rayas

Al nacer, los jabatos permanecen en el cubil durante una semana y después siguen a su madre.

Tras cuatro meses de gestación, la jabalina da a luz entre uno y ocho jabatos. Las crías nacen con unas características rayas a lo largo del cuerpo que desaparecen en los primeros meses.

MAMÁ LOS CUIDA

Los jabatos nacen con un peso que ronda el kilo, con los ojos abiertos y ocho dientes.

¡HORA DE COMER!

La jabalina, como todos los mamíferos, amamanta a sus crías, y lo hace durante los tres primeros meses.

Así crecen

De jabato a jabalí o jabalina

JABATOS

Con un par de semanas alternan la leche materna con alimentos sólidos. En los primeros meses, las rayas desaparecen y su pelaje se oscurece.

¡Going, going, tengo hambre!

JUEGOS

Juegan a pelearse y a perseguirse. Todo ello forma parte de su aprendizaje.

Las primeras semanas mamá no se separa de ellos. Poco a poco salen del nido en busca de comida y, a los seis meses, cuando son menos vulnerables, sus rayas empiezan a desvanecerse.

YA SON MAYORES

La hembra alcanza la madurez a los dos años. El macho lo hace a los 10 meses. Ambos ya tienen el pelaje oscuro.

¿Sabías que...?
Las rayas del pelaje les sirven de camuflaje para pasar inadvertidos en el nido y en las espesuras por donde se mueven.

Su familia

Otros cerdos salvajes

BABIRUSA
Está desprovisto de pelo y el macho tiene unos largos colmillos que le crecen a través del hocico. Vive en el sureste de Asia.

JABALÍ VERRUGOSO
Se llama así por la verruga que tiene a ambos lados del hocico. Sus patas son largas y sus colmillos muy evidentes.Vive en África.

PECARÍ
Es el más parecido al jabalí, pero mucho más pequeño, ya que sólo alcanza los 30 kg. Vive en Suramérica.

La familia de los suidos agrupa a los cerdos, los jabalíes y los babirusas. Todos son cerdos salvajes, animales muy inteligentes y con gran capacidad de adaptación.

El jabalí es uno de los suidos más extendidos y el principal antepasado del cerdo doméstico.

¡Going, going, going!

¿Sabías que...?
El jabalí es el más grande y pesado de toda la familia. Un macho adulto puede llegar a pesar hasta 265 kg.

Enemigos

¡Cuidado con los cazadores!

LOS CAZADORES

Pueden dar con él con relativa facilidad, pues deja rastros muy evidentes de sus huellas y de marcas producidas al frotarse contra los árboles y al hurgar en el suelo en busca de algo comestible.

¿Sabías que...?
Debido a su tamaño y a su dieta, el jabalí es víctima de numerosas enfermedades y parásitos. Aunque puede vivir 10 años, no suele pasar de los tres.

Con la casi total desaparición del lobo, el principal enemigo del jabalí adulto es el cazador. Los jabatos, más indefensos, pueden ser víctimas de águilas, zorros o linces.

El jabalí se oculta entre los matorrales y la maleza, pero pocas veces sobrevive a una batida de caza.

Glosario

El jabalí de la A a la Z

ATROFIADO
Se llama así al desarrollo insuficiente de un órgano o tejido de un ser vivo.

BATIDA DE CAZA
Es cuando se registra un terreno haciendo mucho ruido para hacer salir a los animales de su escondite para que se dirijan hacia donde están los cazadores.

CRIN
Es el conjunto de pelos gruesos que tienen algunos animales a lo largo del cuello y el lomo.

CUBIL
Es el lugar que sirve de refugio a los animales.

GLÁNDULAS SUDORÍPARAS
Son los órganos que producen y segregan el sudor.

JABALINA
Es la hembra del jabalí.

OMNÍVOROS
Son los animales que pueden comer todo tipo de alimentos de origen animal o vegetal, como los humanos.

PARÁSITOS
Es un organismo animal o vegetal que vive a costa de otro de distinta especie y que le causa algún perjuicio.

PERIFERIA
Es el espacio que rodea un punto central.

PIARA
Se llama así a la manada de cerdos.

REGULACIÓN TÉRMICA
Es el ajuste o control fisiológico de la temperatura.

SEDENTARIO

Un animal sedentario es aquel que tiene una actividad o un tipo de vida que requiere o tiene poco movimiento.

SUIDOS

Son los animales mamíferos que tienen el cuerpo rechoncho, la piel dura y gruesa, y generalmente cubierta de cerdas, el morro prominente y unos colmillos largos y fuertes que le sobresalen de la boca.

TRUFAS

Son unos hongos comestibles que crecen bajo tierra. La trufa tiene forma redondeada y es muy aromática y sabrosa. Por fuera es de color negro y por dentro tiene un tono blanquecino o rojizo.

Conócelo mejor

JABALÍ
Sus scrofa

Clase: mamíferos
Orden: artiodáctilos
Familia: suidos

Peso: de 70 a 200 kg (machos);
de 40 a 65 kg (hembras)
Altura: 65 cm
Longitud: 120 cm
Cola: 22 cm

Longevidad: entre 10 y 12 años
(hasta 20 años en cautividad)
Gestación: 4 meses
Camada: de 1 a 8 crías

Hábitat: terrenos con matorrales,
marismas, bosques y regiones cubiertas
de abundante vegetación
Geografía: Europa, Asia y norte de África.

Una fábula

Pobres pero libres

Inspirado en 'Rebelión en la granja', de George Orwell

Pariente pobre del cerdo, el jabalí no goza de buena prensa, excepto entre los cazadores, pero con la condición de ser jabalí muerto, y serlo de un memorable escopetazo. En estas condiciones, taxidermia mediante, el jabalí incluso puede acceder a la gloria de decorar con su cabeza momificada alguna sala de la vivienda de su asesino. Éste, a instancias de algún invitado, estará siempre dispuesto a rememorar ese momento crucial en que esperó a pie firme la inminente embestida para, "con tanta serenidad como puntería", apretar el gatillo.

–Aún siento en el paladar la exquisitez de su carne... –dirá invariablemente la esposa del cazador, para agregar la guinda que siempre falta a la hazaña cinegética de su marido, de la cual ella, como insuperable cocinera, aspira a ser, y es, socia vitalicia.

Es así: no le quedan al pobre jabalí mayores oportunidades para que su nombre se asocie con alguna causa ponderable. Fuera de sus méritos como trofeo de caza o manjar gastronómico, el jabalí no puede albergar grandes esperanzas de ascenso social. Sus hábitos nocturnos, su preferencia por los sitios más intrincados, sus ojos pequeños y densamente negros, su cuerpo macizo y robusto, su cabeza grande, para colmo rematada con dos buracos por hocico, su rabo retorcido como un tirabuzón, sus gruñidos, sus pezuñas, sus colmillos corvos y afilados, todo, absolutamente todo, lo lleva a ser asociado con las fuerzas más oscuras, alevosas y malignas. Para decirlo de una vez por todas, el jabalí es asociado con el diablo mismo, aunque no falta quien asegura, con diabólica malignidad, que ni el mismo diablo quiere ser asociado con el jabalí…

Para colmo de males, el cerdo doméstico tampoco quiere

que lo relacionen con el jabalí, pese al estrecho parentesco que hay entre ellos, no menor que el que une, en una misma familia, a los parientes pobres con los parientes ricos. De vez en cuando surge un cerdo joven que pregunta por los ocultos lazos familiares, pero nunca falta algún cerdo mayor que, con la cabeza bien sentada, se encarga de convencerlo de que mejor coma buenas bellotas, agradezca y calle.

Dicen, sin embargo, que últimamente son más los cerdos jóvenes que formulan preguntas incómodas, como, por ejemplo:

–Las buenas bellotas con que nos alimentan, más que un gesto de bondad, ¿no son una promesa interesada en la exportación de jamón ibérico?

–A la hora de la verdad, ¿la vida en la granja no es más mortífera que la escopeta de los cazadores?

–Pobres pero libres –parece ser, por ahora, la respuesta del jabalí, pero este gruñido no llega a las granjas, custodiadas como están por alarmas inalámbricas, satélites espía y videocámaras.

Fin

Actividades

Lección de zoología

Escribe dentro del círculo una V si la frase es verdadera o bien una F si crees que es falsa.

- ◯ El jabalí no puede ver bien, pero tiene buen oído.
- ◯ Vive en llanuras y pastizales donde abunda la hierba.
- ◯ Es omnívoro y come prácticamente de todo.
- ◯ Es un animal muy limpio, se baña en el agua.
- ◯ Vive en grupos llamados piaras.
- ◯ Duerme de noche, está activo de día.
- ◯ Las crías del jabalí se llaman jabatos.
- ◯ El jabalí es el más pequeño de los suidos.

¡Qué desastre!

Alguien ha cortado el retrato del jabalí en seis trozos. ¿Podrías ordenarlo correctamente?

1 2 3 4 5 6

Busca las diferencias

Estas dos imágenes parecen iguales, pero entre ellas hay cinco diferencias. Señálalas en la fotografía de abajo.

Sopa de letras

A ver si encuentras algunos de los alimentos que come el jabalí: HUEVO, SETAS, BELLOTAS, TRUFA y ROEDOR.

B	R	E	Ñ	B	S	E	S	X
E	C	U	R	O	E	D	O	R
L	F	R	M	X	S	V	E	S
L	Z	E	L	I	E	O	D	T
O	A	B	A	U	A	H	O	R
T	Ñ	A	H	R	I	N	T	U
A	J	Ñ	F	E	Ñ	R	L	F
S	E	T	A	S	R	E	Ñ	A

Encuentra el camino

Este jabato se ha despistado y ahora no sabe dónde está su mamá. ¿Le ayudas a encontrarla?

Lección de anatomía

Señala con flechas en el dibujo las diferentes partes del cuerpo del jabalí.

Colmillos

Hocico

Cola

Orejas

Pezuñas

Resuelve el crucigrama

Lee las frases atentamente y escribe las soluciones en sus correspondientes casillas numeradas.

Horizontales

(1) Nombre de la familia a la que pertenece el jabalí.

(2) Así se llaman las hembras del jabalí.

(3) Es uno de los sonidos que utiliza para comunicarse y se parece al que emite el cerdo.

Verticales

(1) De los cinco sentidos, el que tiene menos desarrollado.

(2) Cuando se baña, le encanta revolcarse en él.

(3) Lo que tienen los jabatos en el pelaje.

¡Qué animalada!

Algunos de estos animales no pertenecen a la familia de los suidos ¡A ver si sabes distinguirlos! Márcalos con una cruz.

Foca

Serpiente

Jabalí

Babirusa

Pecarí

Cocodrilo

Soluciones

Página 38

De arriba abajo:
Verdadero, falso, verdadero, falso, verdadero, falso, verdadero, falso.

Página 39

Orden de los números:
3, 1, 5, 2, 6, y 4.

Página 40

Página 41

B	R	E	Ñ	B	S	E	S	X
E	C	U	R	O	E	D	O	R
L	F	R	M	X	S	V	E	S
L	Z	E	L	I	E	O	D	T
O	A	B	A	U	A	H	O	R
T	Ñ	A	H	R	I	N	T	U
A	J	Ñ	F	E	Ñ	R	L	F
S	E	T	A	S	R	E	Ñ	A

Página 42

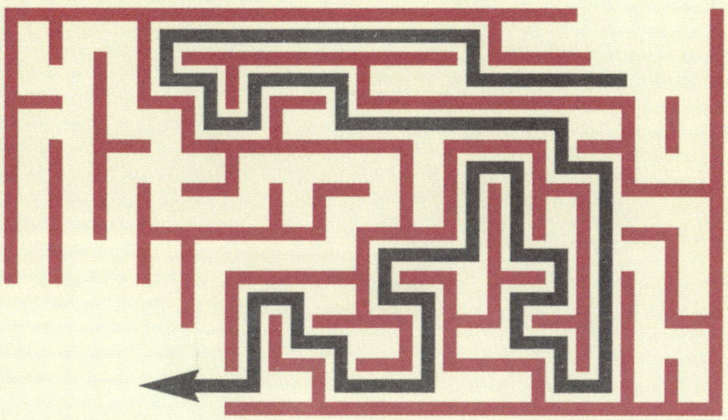

Página 43

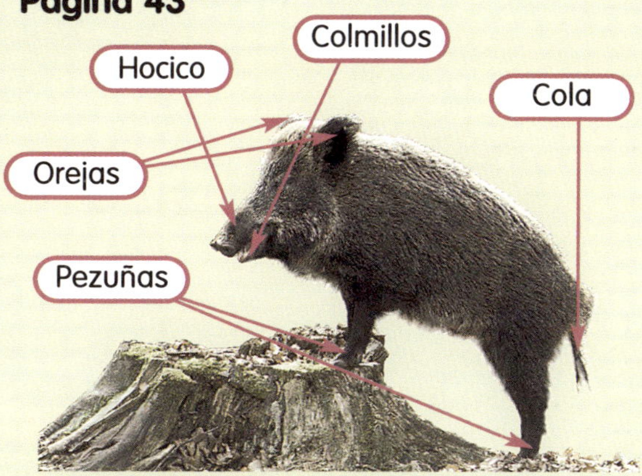

Página 44

		1							3
		V							R
		I							A
	1	S	U	I	D	O	S		Y
		T	2						A
2	J	A	B	A	L	I	N	A	S
			A						
			R						
	3	G	R	U	Ñ	I	D	O	
			O						

Página 45

Serpiente, foca, cocodrilo.

editorialSol90

MIS ANIMALES FAVORITOS
© 2006 Editorial Sol 90, S.L. Barcelona
© De esta edición 2006, Diario El País, S.L. Miguel Yuste, 40, 28037 Madrid

ISBN: 978-84-9820-450-6 / 84-9820-450-X
Depósito legal: M-33267-2006
Impreso y encuadernado en UE